PRINCIPES

ET

RÈGLES ÉLÉMENTAIRES

DE LA

TENUE DES LIVRES

EN PARTIES DOUBLES.

Dédié à la Chambre de Commerce du Havre,

Par un Négociant du Havre.

> Ce que l'on conçoit bien s'énonce clairement;
> Et les mots, pour le dire, arrivent aisément.
> BOILEAU.

AU HAVRE,

Chez Stanislas FAURE, Imprimeur du Roi,

1824.

DÉDICACE

A la Chambre de Commerce
DU HAVRE.

A Monsieur le Baron BEGOUEN-DEMEAUX, *Chevalier de l'Ordre Royal de la Légion d'Honneur, Maire, Président de la Chambre de Commerce du Havre.*

Monsieur le Président,

J'use de la permission que vous avez bien voulu m'accorder, en vous priant de faire agréer, de ma part, à la Chambre de Commerce du Havre, l'hommage du Traité sur les Principes et Règles élémentaires de la Tenue des Livres en Parties doubles, dont j'ai l'honneur de vous adresser un exemplaire avec cette lettre.

Je suis avec respect,

Monsieur le Président,

Votre très-humble et très-obéissant Serviteur,

L'Auteur.

Havre, le 15 avril 1824.

RÉPONSE.

Havre, le 28 Avril 1824.

Les Membres composant la Chambre de Commerce
du Havre,

A l'Auteur,

Monsieur,

Monsieur le Maire nous a présenté l'Ouvrage dont vous avez bien voulu faire hommage à la Chambre de Commerce; et nous nous faisons un plaisir de vous exprimer combien nous avons été sensibles à votre attention.

Une bonne méthode de tenir les Livres de Commerce est une chose dont l'importance est appréciée par tous ceux à qui leur profession en rend l'usage nécessaire. Tout ce qui peut applanir aux jeunes gens les difficultés d'une science indispensable, dans la carrière commerciale, ne peut manquer d'être accueilli avec intérêt; et l'on vous saura, sans doute, gré d'avoir consigné dans votre Livre, avec le seul but d'être utile à vos concitoyens, les résultats de vos réflexions, et de votre expérience.

Nous avons l'honneur d'être, avec une parfaite considération,

Monsieur,

Vos très-humbles et très-obéissans Serviteurs,

BEGOUEN-DEMEAUX, *Président.*

Dd. ANCEL,
BOURLET,
H. HOMBERG.
DECAEN L'AÎNÉ,
A. LEMAISTRE.
L'. PAPILLON.
F'. PERQUER.
REILLY.

} *Membres de la Chambre.*

PRÉFACE.

Je prie les personnes qui liront cet Ouvrage, de ne pas le juger par l'épigraphe dont j'ai fait choix; car le sens que j'ai entendu donner à cette dernière, en l'appliquant à mon sujet, est simplement celui-ci: *que la pratique seule ne suffit pas pour donner la vraie connaissance des sciences, et que cette connaissance, sur-tout celle des sciences appartenant à la classe des mathématiques, ne s'acquiert que par l'étude préliminaire et indispensable des principes qui en constituent les élémens.*

Il n'y a pas de science peut-être sur laquelle on ait écrit davantage, dans toutes les langues, que sur celle de *la Tenue des Livres*. Cela seul prouverait l'opinion *générale* que l'on a de son utilité. Mais, jusqu'ici, les divers auteurs qui en ont traité, en ont mal, ou imparfaitement, exposé les principes, dans leurs ouvrages, et se sont plutôt attachés à publier des *Méthodes* et des *Modèles* de livres de comptes. Je suis loin de vouloir contester à plusieurs de ces ouvrages un mérite réel; mais je dirai (et tout le monde, je pense, sera d'accord avec moi sur ce point), qu'il y a cette différence entre les méthodes et les principes, que les premières sont rarement utiles au-delà des exemples qu'elles contiennent, tandis que les derniers embrassent, par leur nature, tous les cas et toutes les circonstances.

C'est donc particulièrement à développer les principes de *la Tenue des Livres*, que je me suis iv

attaché dans la première partie de ce Traité ; et c'est aussi celle que je considère comme la plus importante de mon ouvrage.

La seconde partie du Traité, principalement le chapitre concernant *les Livres de Comptes*, est moins mon propre ouvrage, qu'une compilation des meilleurs auteurs que j'ai lus sur cette matière ; à quoi j'ai ajouté tout ce que, d'après mon expérience, j'ai jugé devoir être de quelque utilité. J'appliquerai particulièrement cette dernière remarque aux chapitres intitulés : l'un *de la Monnaie,* et l'autre *des Titres* des Comptes.

Dans une troisième partie, je me propose, si j'en ai un jour le loisir, de donner le modèle d'une Comptabilité en harmonie avec les Principes et les Règles élémentaires contenus dans ce Traité. Je considère cependant ce dernier travail comme bien moins important que le premier : d'abord parce que, comme je l'ai dit plus haut, il existe déjà de bons modèles de ce genre ; et, en second lieu, parce que, sans la connaissance préliminaire des affaires de Finance ou de Commerce qui ne peut s'acquérir que par la pratique, soit dans les Administrations publiques, soit dans les comptoirs des Banquiers ou Négocians, il est impossible de faire l'application convenable des principes de *la Tenue des Livres ;* cette application devant être plus ou moins parfaite, suivant que les personnes qui entreprennent la rédaction d'une Comptabilité, entendent, plus ou moins bien, les affaires auxquelles cette Comptabilité a rapport.

L'Auteur.

INTRODUCTION.

Avant d'exposer les principes de la Tenue des Livres en PARTIES DOUBLES, il n'est pas hors de propos que j'explique, en peu de mots, la différence qui existe entre ce système et la méthode connue sous la dénomination de Tenue des Livres EN PARTIES SIMPLES.

La Tenue des livres EN PARTIES SIMPLES consiste dans le procédé suivant :

Lorsque, par une cause quelconque, l'on devient Créancier de quelqu'un, l'on inscrit dans un livre appelé Main courante ou Journal, un article conçu dans ce sens : tel jour, DOIT Telle personne, pour tel sujet, telle somme.

Et lorsque, par une autre cause quelconque, l'on devient Débiteur de quelqu'un, l'on inscrit dans le même journal, un autre article ainsi conçu : tel jour, AVOIR Telle personne, pour tel sujet, telle somme.

Dans un second livre, appelé le Grand livre, l'on distribue ensuite, dans des comptes séparés ouverts aux divers Individus ; savoir, sur les folios de gauche, tous les articles de DOIT, et sur les folios de droite, tous les articles d'AVOIR du journal ; et, par ce moyen, l'on établit d'une manière distincte, la position respective de chacun des comptes en question.

Dans la Comptabilité en PARTIES SIMPLES, tout le procédé se réduit donc à tenir une série de comptes courans avec les divers Débiteurs ou Créanciers que l'on a.

Mais, quoique par cette méthode, l'on connaisse ainsi sa position envers les différentes Personnes avec lesquelles l'on

vj

est en relation d'affaires, l'on ne connaît pas également sa propre position avec soi-même.

En effet, il est évident que, pour atteindre ce dernier but, il est indispensable d'ouvrir des comptes, non-seulement à toutes les Personnes, mais encore à toutes les Choses ou Valeurs qui ont rapport à l'Inventaire que l'on se propose de tenir ; et qu'enfin, en raison des divers accidens susceptibles de produire augmentation ou diminution dans cet Inventaire, ce dernier doit être aussi lui-même représenté dans les livres par un compte, ou des comptes, où tous ces accidens soient régulièrement notés.

Les principes indiqués dans ce dernier paragraphe, constituent la base du système de la tenue des livres EN PARTIES DOUBLES ; ainsi qu'on le verra par le développement plus étendu dans lequel je vais entrer à cet égard.

ERRATA.

Page 33, ligne 5ᵉ. en montant, au lieu de la différence *outre*, lisez :
la différence *entre*.

Page 36, note 3ᵉ., lignes 2ᵉ. et 4ᵉ., aussi en montant, lisez : *concernent*
au lieu de *conservent ;* et *passées*, au féminin, au lieu de *passés*,
au masculin.

PRINCIPES ÉLÉMENTAIRES

DE

LA TENUE DES LIVRES

EN PARTIES DOUBLES.

~~~~~~

PREMIÈRE PARTIE.

~~~~~~

CHAPITRE PREMIER.

PRINCIPES GÉNÉRAUX.

———————

La tenue des Livres en *parties doubles* est la science des principes d'après lesquels l'Inventaire d'une Personne; d'une Société; ou l'État de situation d'une branche de Comptabilité quelconque, s'établissent dans des livres de compte, et y sont subséquement maintenus au milieu de toute espèce de changemens survenans, de telle sorte que, non-seulement la situation particulière de chaque compte considéré séparément; mais encore la situation générale de l'Inventaire, ou de la Comptabilité dont il s'agit, puissent être toujours connues d'une manière exacte et certaine.

(A) La tenue des livres *en parties doubles* est ainsi appelée, parce que, dans ce système, chaque *compte débiteur* doit correspondre à un *compte créditeur*; chaque article d'écriture formant ainsi une balance séparée.

(B) D'où il s'ensuit que, quand les écritures sont justes, tous les comptes ensemble doivent toujours former une balance générale; c'est-à-dire, contenir en masse une somme égale de *débits* et de *crédits*.

Le premier principe (A) est fondé sur la nature même des comptes qui se rapportent nécessairement toujours à deux sujets, l'un *actif*, l'autre *passif*; et le second principe (B) est la conséquence des deux axiomes d'arithmétique suivans : *l'addition de sommes égales à des sommes égales, doit donner des montans égaux ; et la soustraction de sommes égales, de sommes égales, doit donner pareillement des restans égaux* (1).

La balance dans les écritures à *parties doubles* est, et ne peut être que de trois espèces; savoir :

1°. *Simple;* quand un seul compte *débiteur* est balancé par un seul compte *créditeur;*

2°. *Complexe, dans un terme;* quand un seul compte *débiteur* est balancé par plusieurs comptes *créditeurs;* ou quand un seul compte *créditeur* est balancé par plusieurs comptes *débiteurs.*

3°. *Complexe, dans ses deux termes;* quand plusieurs comptes *débiteurs* sont balancés par plusieurs comptes *créditeurs.*

---

(1) Le procédé dans le *Journal* consiste toujours, conformément au premier de ces axiomes, à ajouter des sommes égales à des sommes égales; mais, dans le *Grand livre*, le montant ou la masse des *débits* et *crédits* se trouve souvent diminuée par la balance ou l'extinction des comptes; et c'est à ce dernier cas que le second axiome est applicable.

CHAPITRE II.

Des différentes classes et espèces de Comptes, dans la Tenue des Livres en Parties doubles.

Les Comptes, dans la Tenue des Livres en *Parties doubles*, se divisent en deux classes; savoir : les Comptes *Propres* et les Comptes *Relatifs;* et ces deux classes embrassent toutes les espèces de Comptes susceptibles d'exister.

Les Comptes *Relatifs* sont ceux qui se *rapportent* à la Personne, ou à l'Affaire pour laquelle les Livres sont tenus : les Comptes *Propres* sont ceux qui *représentent* la Personne, ou l'Affaire elle-même

Les Comptes *Relatifs* sont de deux espèces; savoir : les Comptes *Spéciaux* (qu'on désigne autrement sous le titre de Comptes *Généraux*) et qui sont les Comptes des *Choses*; et les Comptes *Personnels* qui sont les Comptes avec les *Personnes.*

Les Comptes *Propres* consistent dans le Compte *Capital* ou *Principal* (qui est l'Etat de comparaison de tous les Comptes *Spéciaux* et *Personnels*) et dans le Compte *de Profits et Pertes,* et autres de cette dernière nature, dans lesquels, ainsi que je l'ai dit dans mon Introduction, tous les accidens affectant l'Inventaire, en perte ou en gain, soit dûment notés.

Les Comptes *Spéciaux* ou *Personnels* peuvent être soit *directs,* soit *indirects,* soit *mixtes.*

Les Comptes *Spéciaux* sont *directs,* quand les *choses* auxquelles ils se rapportent, nous appartiennent directement; *Indirects,* quand ces *choses* sont en notre possession pour compte d'autrui; et *mixtes,* quand ces mêmes *choses* nous appartiennent en commun avec quelqu'autre personne.

Les Comptes *Personnels* sont *directs,* quand nous les tenons avec les autres pour *notre* propre compte; *indirects,* quand nous les tenons avec les autres pour *leur* propre compte; et *mixtes* quand ils ont lieu pour des intérêts en participation de quelque nature que ce soit.

L'application des principes de ce Chapitre sera démontrée avec toute l'étendue dont elle est susceptible, dans la deuxième partie de cet ouvrage, au Chapitre intitulé *des Titres des Comptes.*

CHAPITRE III.

Du Débit *et du* Crédit.

PAR le *Débit* les Teneurs de Livres entendent l'Etat *Passif* des Comptes; et par le *Crédit* leur Etat *Actif.* Chaque *Débit* correspond conséquemment, comme je l'ai déjà dit dans le premier Chapitre, à un *Crédit,* et *vice versâ.*

L'Etat *Passif* ou le *Débit* du Compte *Principal* (et des autres Comptes *Propres* qui se rattachent à celui-ci, et qui, à chaque Inventaire, doivent être fondus dans ce Compte *Principal*) est la note des sommes que nous devons, ou qui doivent être déduites de la valeur des *choses* que nous possédons; et l'Etat *Actif* ou le *Crédit* du Compte *Principal* est la note des diverses sommes que l'on nous doit, ou des *choses* que nous possédons.

L'Etat *Passif* ou les *Débits* des Comptes *Spéciaux* sont les montans des diverses sommes dont nous constituons ces Comptes *Débiteurs* envers notre Inventaire pour les valeurs des *choses* de toute espèce que nous possédons ; et l'Etat *Actif* ou les *crédits* des Comptes *Spéciaux*, sont les montans des diverses sommes pour lesquelles nous transférons aux autres ces mêmes valeurs ou propriétés.

L'Etat *Passif* ou les *Débits* des Comptes *Personnels*, sont les montans des diverses sommes que l'on nous doit ; l'Etat *Actif* ou les *Crédits* des Comptes *Personnels* sont les montans des sommes que nous devons, de notre côté, aux diverses Personnes avec lesquelles nous sommes en rapport d'affaires,

Il s'ensuit de cesprincipes, que c'est dans le *sens relatif* à leur Inventaire, que les Teneurs de Livres sont dans l'usage d'appeler DETTES ACTIVES tous leurs Comptes *Spéciaux* et *Personnels* DÉBITEURS, et DETTES PASSIVES tous leurs Comptes *Spéciaux* et *Personnels* CRÉDITEURS.

Le Chapitre suivant complettera l'explication de ces divers principes (1).

---

(1) La plupart des Auteurs qui ont traité de la tenue des livres en *Parties doubles*, après avoir commis une première erreur, en considérant les comptes *Spéciaux* qu'ils nomment comptes *Généraux* comme d'une classe différente de celle des comptes *Personnels*, sont tombés dans une seconde erreur en confondant dans la classe de leurs comptes *Généraux*, le compte de *Capital*, celui de *Profits et Pertes* et les *diverses branches* de ce dernier, en un mot, les comptes *Propres*; erreur d'autant plus grave, qu'en débitant les comptes *Propres*, l'on produit, ainsi que je viens de le démontrer, un *effet passif*, tandis qu'en débitant les comptes *Spéciaux*, autrement dits *Généraux*, et les comptes *Personnels* (tous deux formant la classe des comptes *Relatifs*), l'on produit, au contraire, un *effet actif* sur l'Inventaire.

Cette distinction bien comprise est une des clefs principales du système de la Tenue des Livres en *Parties doubles*.

CHAPITRE IV.

*De la formation de l'Inventaire, à l'ouverture des Livres
en Parties doubles.*

A l'ouverture des Livres en *Parties doubles*, l'INVENTAIRE
se forme de la manière suivante :

L'on établit tous les Comptes *Spéciaux* et *Personnels*
qui composent l'*Actif* de l'INVENTAIRE, *Débiteurs* envers le
Compte *Capital* ou *Principal*; et l'on rend le Compte
Capital ou *Principal*, *Débiteur* envers tous les Comptes
Spéciaux et *Personnels* qui constituent le *Passif* de
l'INVENTAIRE.

La première *Balance* ainsi établie, il est évident que les
entrées subséquentes ne pouvant être formées que d'articles de *Débits* et de *Crédits* égaux (conformément au
principe expliqué dans le premier Chapitre), il est évident,
dis-je, que tous les Comptes en masse doivent, en tout
tems, présenter une *Balance générale*.

D'un autre côté, l'Etat, soit *Actif*, soit *Passif*, du
Compte *Capital* ou *Principal*, résultant, ainsi qu'on vient
de le voir, des divers *Débits* et *Crédits* des Comptes *Spéciaux* et *Personnels*; il est également évident que la différence existant entre le montant des *Débits* et le montant
des *Crédits* des Comptes *Spéciaux* et *Personnels* réunis,
constituent, en tout tems, la *Balance*, soit *Active*, soit
Passive, de l'INVENTAIRE (1).

____

(1) Ceci est bien entendu lorsque tous les comptes *Propres* qui sont

L'État des *Débits* et *Crédits* de tous les Comptes (*Propres ,*
Spéciaux et *Personnels*) réunis , s'appelle la *Balance*
générale des Livres. J'étendrai mes explications sur cette
dernière , dans la deuxième Partie de cet Ouvrage où je
traiterai des *Règles* de la Tenue des Livres en *Parties*
doubles.

CHAPITRE V.

Du mouvement dans les Comptes , ou des Mutations *et*
Modifications *dans l'*Inventaire.

Après la formation de l'Inventaire , les Comptes sont
susceptibles d'autant de mouvemens et de changemens,
qu'il peut survenir de variations ou d'accidents dans les
affaires.

J'appelle *Modifications* ces mouvemens , lorsqu'ils ont
lieu , entre les Comptes *Relatifs* (soit les Comptes *Spéciaux*
et *Personnels*) , et les Comptes *Propres ,* parce qu'ils affectent. dans ce cas, l'*Inventaire* en gain ou en perte.

J'appelle , au contraire , *Mutations* ces mêmes mouvemens , quand ils n'ont lieu que dans les Comptes *Relatifs ;*
parce que , quelles que soient les Modifications que ces

---

des *branches* du Compte *Capital ,* ont été fondus dans ce dernier ;
autrement la différence qui doit exister entre le montant des *Débits* et
Crédits de tous les comptes *Spéciaux* et *Personnels* doit aussi être celle
qui existe entre le montant des *Débits* et *Crédits* des divers Comptes
Propres réunis, ce qui revient toujours au principe fondamental établi
ci-dessus.

mouvemens occasionnent dans les Comptes *Spéciaux* et *Personnels* entre eux, l'INVENTAIRE, en ce qui le concerne directement, n'en peut nullement être affecté.

Il est presque inutile de faire observer que ce même principe s'étend à tous les nouveaux Comptes introduits dans l'INVENTAIRE après sa formation, quand ces introductions n'ont lieu également que par le mouvement des Comptes *Relatifs* entre eux (1).

---

(1) Sauf le cas où les entrées dans les Livres ont lieu par l'introduction dans L'INVENTAIRE de nouveaux Comptes *Relatifs* débiteurs, en rapport *uniquement* avec d'autres nouveaux Comptes *Relatifs* créditeurs, les mutations, la plupart du tems, ne sont, dans le fait, que de simples *Transferts*.

SECONDE PARTIE

RÈGLES ÉLÉMENTAIRES

DE

LA TENUE DES LIVRES

EN PARTIES DOUBLES.

CHAPITRE PREMIER.

Des Livres de Comptes en usage dans la Tenue des Livres en Parties doubles.

Les Livres de Comptes en usage dans la Tenue des Livres en *Parties doubles*, sont de deux espèces, savoir : les Livres *Principaux* et les Livres *Auxiliaires*.

Les Livres *Principaux* sont :

1°. Le *Brouillard* ou *Main-Courante*,
2°. Le *Journal*,
3°. Le *Grand Livre*,

Les Livres *Auxiliaires* sont :

1°. Le Livre de *Comptes Courans*,
2°. Le Livre de *Caisse*,
3°. Le Livre de *Frais*,
4°. Le Livre d'*Entrée et Sortie des Effets*,
5°. Le Livre d'*Échéances*,
6°. Le Livre de *Factures*,
7°. Le Livre de *Comptes de Ventes*,
8°. Le Livre de *Magasin*,
9°. Le Livre de *Navires*,
10°. Le Livre de *Copie de Lettres*,
11°. Le Livre de *Copie d'Effets*,
12°. Le Livre de *Ports de Lettres*,
13°. Le Livre de *Reçus*,
14°. Le Livre d'*Ordre*,
15°. Le Livre de *Notes*,

Ainsi qu'une variété d'autres Livres dont l'on peut se servir, selon la nature des affaires que l'on fait.

DES LIVRES PRINCIPAUX.

1°. Du *Brouillard* ou *Main-Courante*.

Le *Brouillard* ou la *Main-Courante* est le Livre où les premières Écritures se font jour par jour, à mesure que les Affaires ont lieu, et en attendant que le Teneur de Livres les inscrive dans un Journal au *net*.

Quelques personnes se dispensent de faire usage de ce Livre, en passant de suite leurs écritures au *Journal*. Cela dépend de la nature et de l'importance des affaires : En général, cependant, il est préférable de commencer d'abord par établir les premières Écritures dans une *Main-Courante*.

2°. Du *Journal.*

Le *Journal* est le Livre dans lequel, soit d'après la *Main-Courante*, soit d'après les *Livres Auxiliaires*, la *Correspondance* ou les diverses *autres Pièces de* comptabilité, l'on inscrit par ordre de date (après qu'on a d'abord établi l'Inventaire), tous les mouvemens survenant dans les affaires.

Le but du *Journal* est de préparer les articles de comptabilité pour le *Grand Livre*, ce qui se fait en inscrivant dans ce premier livre les divers Comptes *Débiteurs* et *Créditeurs*, sous des titres correspondans à ceux qu'ils ont déjà ou qu'ils doivent avoir dans le *Grand Livre*.

Pour la netteté des Ecritures, il est d'usage de rayer ce livre au crayon. On y trace ensuite *perpendiculairement*, savoir : à la droite de chaque page, des colonnes pour les diverses monnaies de Compte et leurs subdivisions; et à la gauche de chaque page, une ligne formant une marge suffisante pour y noter les erreurs ou les renvois; les *folios* de rencontre avec le *Grand Livre* se notent également dans une autre colonne pratiquée à cet effet, à la gauche du livre.

En faisant les entrées au *Journal*, les principales circonstances à exprimer sont les suivantes : 1°. la date; 2°. le *Débit*; 3°. le *Crédit*; 4°. la transaction; 5°. les quantités; 6°. le prix; 7°. l'échéance; 8°. la somme. L'ordre tel que je l'indique ici pour les 1ʳᵉ., 2ᵉ., 3ᵉ. et 4ᵉ. circonstances varie rarement; mais dans certains cas, comme lorsqu'il y a divers *Débiteurs* et *Créditeurs*, l'ordre et le détail des entrées sont quelquefois différens. Du reste, quand on possède bien les principes de la Tenue des Livres, l'intelligence et l'habitude des affaires indiquent facilement la meilleure manière de rédiger toutes les espèces d'entrées possibles.

L'usage constant, en inscrivant les articles au *Journal*,

est de dénommer, en *premier lieu*, les Comptes DÉBITEURS, et en *second lieu*, les Comptes CRÉDITEURS, *chacun sur une ligne séparée et en écriture d'un texte plus fort que le reste*, de la manière suivante :

TEL COMPTE (C. A. D.) TEL COMPTE DÉBITEUR.
à TEL COMPTE (C. A. D.) TEL COMPTE CRÉDITEUR.

Beaucoup de personnes expriment indifféremment les *Débits* et *Crédits* des Comptes sur la même ligne, en disant : *Tel Compte à tel Compte ;*

Mais il vaut mieux inscrire toujours les Comptes *Débiteurs* et *Créditeurs* sur des lignes séparées, parce que de cette dernière manière, l'on peut placer plus distinctement les chiffres qui sont employés à indiquer les *folios* des Comptes correspondans au *Grand Livre ;* et que lorsqu'il s'agit de vérifications, au moyen du *Pointage*, (je donnerai l'explication de ce dernier mot, en son lieu et place), ce travail se fait avec beaucoup plus de facilité et de certitude.

Aucun article, ni aucun mot ne doivent être rayés ou effacés au *Journal ;* mais lorsque l'on y commet quelques *méprises* ou quelques *erreurs*, elles doivent être corrigées par les procédés suivans : 1°. Si la méprise se découvre, au moment où l'on écrit l'article, corrigez-la sur le champ, en insérant entre la méprise et la correction, ces mots *je dis ;* 2°. Quand l'erreur n'est pas découverte à tems, annullez l'article en inscrivant en marge ces mots : *Erreur, article nul*, et indiquant en même tems la page du *Journal* où l'erreur est rectifiée ; 3°. Quand l'article a été passé deux fois par erreur, annullez-le également, en écrivant en marge ces mots : *Nul, déjà passé telle page ;* 4°. Enfin quand l'article a été rapporté du *Journal* au *Grand Livre*, la correction ne peut avoir lieu qu'en *Contrepassant* régulièrement l'article. (J'expliquerai plus au long la manière de *Contrepasser* les articles au chapitre du *Pointage*.)

Dans plusieurs Traités sur la Tenue des Livres, j'ai vu qu'on établissait pour règle de ne jamais commencer à inscrire d'articles dans le *Journal*, au bas d'une page, quand l'article ne peut être contenu entièrement dans cette même page; et lorsque cela oblige à laisser des espaces en blanc, dans le *Journal*, il faut, dit la même règle, barrer ces espaces par une ligne diagonale, afin qu'on ne puisse y insérer après coup d'autres articles. Quoique l'on doive, autant que possible, avoir égard à cette règle, cependant je ne vois pas d'inconvénient à y déroger, en faisant des entrées qui s'étendent sur une, ou même plusieurs pages du *Journal*, toutes les fois que la nature de ces entrées le requiert.

Mais je considère comme très-essentielles les deux règles suivantes : 1°. celle *de ne jamais inscrire d'entrées au Grand Livre, sans entrées préalables au Journal;* 2°. celle *d'entrer toujours au Journal les articles, strictement, sous les mêmes titres qu'au Grand-Livre, afin d'éviter les erreurs qui pourraient être commises en rapportant à un Compte, des sommes qui regardent un autre Compte.*

3°. Du *Grand Livre*.

Le *Grand Livre* est le *Livre Principal* qui contient les extraits de tous les Comptes après qu'ils ont été entrés au *Journal*.

Dans le *Grand Livre*, chaque Compte doit être entré sous son titre distinct, soit sur une Page divisée en deux espaces égaux, soit sur deux Pages opposées portant le même *folio*, avec le *Débit* à gauche, et le *Crédit* à droite, et présentant, savoir : les *Comptes Propres* la Balance générale *Active* et *Passive* de l'Inventaire; et les *autres*

Comptes la Balance *Active* et *Passive* de chacun d'eux individuellement.

Tous ces Comptes en *masse* forment la *Balance Générale* des Livres, qui, lorsque cette Balance est exacte, doit présenter un montant égal de *Débits* et de *Crédits*.

Le *Grand Livre* doit être rayé *transversalement* au crayon, comme le *Journal*, et *perpendiculairement* de la manière suivante : Sur les pages du *Débit* et du *Crédit*, tirez à gauche, une ligne pour les dates ; puis laissant un espace suffisant pour inscrire les entrées, tirez deux autres lignes formant une colonne plus étroite, pour y noter les *Folios* de rencontre du *Journal* (1). A droite, au *Débit* et au *Crédit*, tirez ensuite les Colonnes nécessaires pour votre monnaie générale de Compte ; et immédiatement en dedans de ces dernières, pour quelques Comptes, tels que ceux *réglables* en monnaies étrangères, ou ceux dans lesquels il convient d'établir les quantités, poids, mesures, etc., etc. ; tracez également autant de Colonnes qu'il vous en faut pour noter toutes ces particularités.

Le rapport des articles du *Journal* au *Grand Livre* se fait généralement d'une des deux manières suivantes ;

Côté gauche du Compte :

DOIT   TEL COMPTE.

	La Date.	A tel Compte.	Pour tel objet.	Folio du Journal.	Somme.
1re. Manière.	La Date.	A tel Compte.	Pour tel objet.		Somme.
2e. Manière.	La Date.	A tel Compte.	Aucun détail ici.		Somme.

---

(1) Quelques personnes ont aussi une Colonne de Correspondance pour les Comptes du *Grand Livre* entre eux. Il vaut tout autant se dispenser de cet usage qui ne peut même être suivi sans confusion dans les entrées où il y a plusieurs *Débiteurs* ou *Créditeurs*.

Côté droit du Compte :

TEL COMPTE.   AVOIR.

1re. Manière.	La Date.	Par tel Compte.	Pour tel objet.	Folio du Journal.	Somme.
2e. Manière.	La Date.	Par tel Compte.	Aucun détail ici.		Somme.

La seconde manière est maintenant celle le plus en usage; et beaucoup de personnes même se contentent de rapporter leurs articles au *Grand-Livre*, en y inscrivant seulement les dates et les *Folios* du *Journal*, et les sommes. Le travail est considérablement abrégé par cette dernière méthode, qui remplit le même but; car finalement, c'est toujours au *Journal* qu'il faut avoir recours, pour les détails des articles, lors du réglement des comptes.

Les titres des comptes dans le GRAND LIVRE *doivent toujours être strictement semblables à ceux du Journal.*

Les directions suivantes, pour tenir le *Grand Livre*, se trouvent dans presque tous les traités sur la tenue des livres, et peuvent, en conséquence, être considérées comme règles *classiques.*

1°. *Ecrivez les titres de tous vos Comptes en large texte;*

2°. *Ecrivez proprement et distinctement vos articles, et posément, afin d'éviter les erreurs;*

3°. *Placez régulièrement vos chiffres dans les colonnes des sommes, de manière que les unités correspondent parfaitement aux unités, les dixaines aux dixaines, etc., etc.*

4°. *Allouez à chaque Compte un espace suffisant; par exemple, une page entière à* PROFITS ET PERTES, *à* CAISSE *et autres comptes susceptibles d'extension. A d'autres Comptes, allouez seulement une demie, un tiers, ou un quart de page, suivant l'extension dont vous les jugez susceptibles;*

5°. *Ouvrez tous vos Comptes au* GRAND LIVRE, *les uns après les autres, dans l'ordre où ils se présentent au* JOURNAL, *sans sauter d'une page à l'autre;*

6°. *N'effacez ni ne rayez jamais aucun article, lorsque vous faites erreur, non seulement pour conserver la netteté des livres; mais encore pour que toutes les circonstances relatives à vos écritures, puissent être connues, lorsqu'en cas de difficultés ou de procès, le recours à vos livres de Compte peut devenir nécessaire : et quand des erreurs ont été commises, corrrigez-les de la manière qui sera indiquée ci-après, à l'article du Pointage;*

7°. *Quand l'espace que vous avez assigné à un Compte est rempli, rouvrez ce Compte en transportant d'abord son titre dans la première page vacante de votre* GRAND LIVRE, *puis les montans du* DÉBIT *et* CRÉDIT *que vous aurez trouvés en additionnant le Compte en question;*

8°. *Chaque fois que vous réglez un Compte, arrêtez-le d'une manière correspondante sur votre* GRAND LIVRE.

J'insiste sur l'observation de cette dernière règle, non-seulement pour les Comptes que l'on fournit soi-même, mais pour ceux que l'on reçoit; et je répète, en même temps, ici la recommandation de ne jamais solder un Compte au *Grand Livre*, sans le solder aussi par un article correspondant au *Journal*.

Au besoin, le *Grand Livre* est susceptible d'être divisé en plusieurs volumes.

Enfin il est d'usage d'avoir pour le *Grand Livre* un *Index*, par lettres alphabétiques, pour trouver plus facilement les titres des Comptes qu'il contient.

DES LIVRES AUXILIAIRES.

1°. Du *Livre des Comptes-Courans.*

Beaucoup de personnes, sur-tout celles qui ne font que peu d'affaires, ne se servent pas de ce livre, et se contentent de tenir leurs *Comptes courans*, d'une manière détaillée sur leur *Grand Livre :* mais dans les maisons de Banque ou de Commerce, qui ont un grand nombre de correspondans, l'usage du livre des *Comptes Courans* qui, à lui seul, est susceptible d'occuper un ou plusieurs commis, est indispensable. Dans ce livre, chaque Compte est établi journellement avec tous les détails qu'il doit présenter, lors du réglement, aux calculs d'intérêt près.

Au besoin, ce livre est susceptible d'être divisé en plusieurs volumes comme le *Grand Livre*, et doit aussi avoir son répertoire particulier.

Indépendamment du livre des *Comptes Courans*, quelques personnes qui n'établissent pas sur ce livre même les calculs d'intérêt des Comptes qu'elles fournissent à leurs correspondans, ont un livre spécial destiné à ce dernier usage, et qui, tant en débit qu'en crédit, ne présente que les sommes, les échéances et les calculs d'intérêt en question. Le but de ce Livre est la division du travail dans les grands établissemens.

2°. Du *Livre de Caisse.*

Le *Livre de Caisse* est le livre ou l'on inscrit journellement, et au moment même, toutes ses recettes et tous ses paiemens, en attendant les écritures qui doivent en être faites ensuite au *Journal.*

Les recettes, qui forment le *Débit* du Compte de *Caisse*, s'inscrivent sur la page gauche du livre; et les paiemens, qui forment le *Crédit* du même Compte, s'inscrivent sur la page droite opposée.

Beaucoup de personnes, dont les affaires ne sont pas nombreuses, ne font usage que du seul *Livre de Caisse*, pour l'inscription de tous leurs paiemens, de quelque nature qu'ils soient; mais la coutume la plus générale est d'avoir un livre particulier de *Caisse*, appelé le *Livre* de *Frais*, pour l'inscription des dépenses de cette dernière espèce. Je donnerai plus bas les explications nécessaires au sujet de ce dernier livre.

Le *Livre de Caisse* doit être de dimension à peu près égale à celle du *Journal*, afin d'offrir des espaces suffisans pour l'inscription des articles qui, autant que possible, doivent toujours être contenus dans une seule ligne.

Voici, pour l'ordre des écritures, comment ce livre peut être disposé : 1°. A gauche de chaque page, tirez une colonne pour les dates; 2°. à côté de cette colonne, établissez en une plus étroite, pour noter les pages de rencontre du Journal; à droite de chaque page, tirez les colonnes nécessaires pour votre monnaie de Comptes.

Dans les maisons faisant des affaires nombreuses, et où le travail serait trop considérable pour un seul *Teneur de livres*, s'il fallait que celui-ci passât à lui seul tous les articles d'écritures en détail, le *Caissier* tient son *Livre de Caisse* par *Débit* et *Crédit*, de la manière que je viens d'indiquer, mais avec cette différence que chaque compte est *débité* ou *crédité*, comme au *Journal*, sous son titre propre, de telle manière que le *Teneur de livres* principal, n'a autre chose à faire que de passer en abrégé au *Journal,* tous les articles de *Caisse*. Dans quelques maisons, les rapports au *Grand Livre* se font directement de ce *Journal de Caisse*, sans passer par le *Journal Principal*; mais il vaut mieux suivre la première méthode (1).

C'est-à-dire, passez, comme je viens de le dire, en abrégé, au *Journal Principal*, tous les articles du *Journal de Caisse*.

3°. Du *Livre de Frais*.

Les Frais se divisent en deux espèces; savoir : les Frais *Actifs*, et les Frais *Passifs*.

J'appelle *Frais Actifs*, tous ceux qui, par leur nature, sont susceptibles d'être portés à la charge de quelque Compte *Spécial* ou *Personnel;*

J'appelle *Frais Passifs*, au contraire, tous les Frais qui, par leur nature, ne peuvent être portés au *Débit* d'aucun Compte *Spécial* ou *Personnel*, tels que *Dépenses de Ménage, Appointemens de Commis,* etc., etc., et qui, en dernière analyse, tombent à la charge du Compte de *Profits et Pertes*, et conséquemment à celle de l'*Inventaire*.

Ainsi donc, pour bien tenir à jour la position de ce dernier, il faut faire la distinction convenable des deux espèces de Frais dénommés ci-dessus, d'abord au *Livre de Frais*, et ensuite aux *Livres Principaux*. Mais n'ayant à parler, dans le moment, que du premier Livre, j'en donnerai le modèle suivant :

Inscrivez indistinctement, par ordre de date, dans votre *Livre de Frais*, tous vos paiemens de cette nature, portant seulement, dans une Colonne particulière, les sommes déboursées pour les frais que j'ai distingués

---

(1) Quand la multiplicité des Comptes oblige à les diviser en plusieurs Sections, l'on tient ainsi des Journaux séparés pour les *Comptes de Ventes, les Effets à recevoir, les Effets à payer, les Effets étrangers*, etc.

ci-dessus sous la dénomination de *Frais Actifs.* — Additionnez, en second lieu, à des époques régulières, comme chaque semaine, ou chaque mois, le montant des colonnes de votre *Livre de Frais,* et portez ce montant en masse, au *Crédit* de votre Compte de *Caisse.* — Cela fait, vos entrées au *Journal* doivent avoir lieu en *créditant* votre Compte de *Caisse,* par les *Débits* de deux Comptes distincts, l'un contenant, comme je l'ai déjà dit, les *Frais Actifs* qui devront être portés ensuite, à mesure des réglemens, à la charge des Comptes *Spéciaux* et *Personnels* qu'ils concernent; l'autre Compte de Frais contenant tous les *Frais Passifs* qui, lors de la *Balance générale,* doivent être versés dans le Compte de *Profits et Pertes.* Ou bien, si vous ne voulez tenir qu'un seul Compte de *Frais Généraux,* ayez à ce Compte, dans votre *Grand Livre,* des colonnes intérieures pour la distinction des *Frais Actifs* et des *Frais Passifs* (1).

4°. Du *Livre d'Entrée et Sortie des Effets.*

Les Comptes d'*Effets* de différentes espèces ne présentant, la plupart du tems, que des masses dans le *Grand Livre,* pour connaître quels sont les *Effets* existans au Porte-Feuille, on serait, chaque fois, assujetti à un long travail par l'intermédiaire du *Journal.* On évite cet embarras, en tenant un *Livre auxiliaire* où tous les *Effets* sont enregistrés individuellement, sous une série de numéros, et sortis ensuite de la même manière, à mesure qu'on les encaisse, ou qu'on en dispose. Le Titre de ce Livre suffit pour indiquer son objet. Il peut être tenu de diffé-

_____

(1) Beaucoup de Personnes, au moyen de *Colonnes intérieures* dans leur *Livre de Caisse,* où elles font les *distinctions* dont il est ici question, ou *toutes autres* qu'elles jugent convenables, suivant la nature de leurs Affaires, se dispensent de tenir un *Livre de Frais* séparé.

rentes manières, et par classes différentes d'*Effets*, suivant la nature des Affaires. Il convient, pour faciliter les recherches, au cas de besoin, de désigner, dans les entrées au *Journal*, les *Effets* par les mêmes numéros qu'ils portent au *Livre d'Entrée et Sortie*. Il est d'usage, aussi d'insérer sur les *Effets*, devant les numéros, quelques lettres initiales indiquant les noms des Propriétaires desdits *Effets*.

5°. Du *Livre d'Échéances*.

C'est le Livre dans lequel on note l'Échéance des *Recettes* et *Paiemens* de toute espèce que l'on doit faire. Les *Paiemens* se notent sur les pages gauches du Livre, et les *Recettes*, sur les pages droites en regard, en les divisant par mois et par jour. Ce Livre est indispensable pour connaître promptement, en tout tems, l'état de ses *Recettes* et *Paiemens*, et sous ce rapport, il ne saurait être tenu avec trop de soin et d'exactitude.

6°. Du *Livre de Factures*.

Ce Livre est destiné à contenir la copie des Factures qu'on remet soi-même, ou de celles que l'on reçoit. Il vaut mieux, cependant, et il est d'usage de tenir deux Livres distincts, l'un pour les *Factures reçues*, l'autre pour les *Factures remises*. Au reste, ce n'est que dans les Comptoirs qu'on peut bien s'instruire de l'usage de ce Livre, comme en général, de celui de tous ceux dont il convient de se servir, suivant la nature des Affaires que l'on fait.

7°. Du *Livre de Comptes de Ventes*

Dans ce Livre qu'on tient sous la forme d'un *Grand Livre*, l'on inscrit, sur les pages de gauche, les Comptes des différentes espèces de Marchandises, ou d'Objets, que l'on a à vendre.

Quand ces Marchandises vous appartiennent directement, ou quand elles vous appartiennent en *Société* avec d'autres personnes, entrez-les dans votre Livre de *Comptes de Ventes*, pour le prix qu'elles coûtent, en y ajoutant ensuite tous les frais qui y sont relatifs.

Quand ces Marchandises appartiennent à autrui, ne portez en Compte, sur les pages de gauche, que les frais qui concernent lesdites Marchandises.

Sur les pages de droite, portez les Ventes à mesure qu'elles ont lieu ; et lorsque les Ventes sont terminées et que vous en arrêtez ou rendez les Comptes, faites vos entrées au *Journal*, d'une manière correspondante.

Quoique ce Livre ne contienne que des doubles de Comptes semblables ouverts au *Grand Livre*, il est très-utile. C'est encore un de ceux qui, lorsque la multiplicité des Affaires le requiert, peut être tenu par un commis *ad hoc*. Il évite les détails, principalement lors des dernières entrées au *Journal*, et abrège ainsi beaucoup le travail du *Principal Teneur de Livres*.

8°. Du *Livre de Magasin*.

On se sert de ce Livre, pour y inscrire, par ordre de *Date*, *Numéros*, *Colis*, *Espèces*, *Poids* ou *Contenance*, l'Entrée en Magasin, et ensuite la Sortie, de toutes les espèces de Marchandises que l'on reçoit.

L'entrée des Marchandises est notée sur les pages gauches du Livre, et leur sortie sur les pages droites en regard. Les différences à la sortie pour *coulage*, *diminution de poids*, etc., etc., sont notées également, afin que la *Balance* en nature de toutes les Marchandises entrant et sortant, soit exacte.

Quand ce Livre est bien tenu, il est de la plus grande utilité, en ce qu'il fait connaître, en tout tems, l'existence en Magasin, non-seulement des Marchandises qui nous appartiennent, mais de celles que nous recevons en consignation, ou en dépôt.

9°. Du *Livre de Navires.*

Dans ce Livre, chaque *Bâtiment* est *débité* en détail, sous son titre propre, soit lors de l'*achat, construction* et *armement*, soit lors des *réparations* et *réarmement*, de toutes les dépenses qni le concernent, au moyen de quoi, l'on ne passe, qu'en abrégé, les mêmes articles au *Journal.*

Les *Facteurs* ou *Consignataires* de *Bâtimens* tiennent un Livre de cette espèce où ils ouvrent des Comptes à tous les *Bâtimens* qui leur sont consignés. Ils *débitent* ces Comptes, en détail, de tous les déboursés que chaque *Bâtiment* leur occasionne : ils les *créditent* des *frets* qu'ils encaissent; et ne passent ensuite ces diverses entrées au *Journal,* que par extraits.

10°. Du *Livre de Copie de Lettres.*

Le titre de ce Livre indique, de lui-même, que c'est le registre dans lequel on copie toutes les Lettres relatives aux Affaires. Ce Livre ne saurait être tenu avec trop d'exactitude, en ce que la plupart du tems, il contient l'exposé des plus importantes stipulations en Affaires, et que c'est un de ceux qui, en cas de difficultés, est appelé à faire foi en Justice, ou devant Arbitres.

Il est assez d'usage de se servir de *Copies de Lettres* particuliers pour les lettres qu'on écrit en langues étrangères, ou pour les Affaires que l'on fait avec les Pays étrangers. Cela dépend beaucoup de la fantaisie, ou des arrangemens qu'on prend pour diviser le travail. Dans les Comptoirs où les Affaires sont nombreuses, la division du *Copie de Lettres* par sections proportionnées au travail qu'un Commis peut raisonnablement faire, est une chose indispensable.

A chaque volume de *Copie de Lettres* doit être joint un *Répertoire* indiquant, sous les noms propres, les pages ou *folios* du Registre où chaque lettre doit se trouver. Indépendamment des chiffres de renvoi du *Répertoire*, on ajoute ordinairement, en marge de chaque lettre, le *folio* de la page du Registre où chaque Lettre précédente et suivante est copiée, en divisant les chiffres par un trait (les chiffres au-dessus du trait indiquent la lettre précédante, et les chiffres au-dessous la lettre subséquente), de manière à passer ainsi d'une lettre à une autre, plus promptement, et sans avoir constamment recours au *Répertoire*.

11°. Du *Livre de Copie d'Effets*.

Ce Livre, dans lequel on copie littéralement les *Effets* avec les endossemens, peut-être de la plus grande utilité lorsque quelques-uns des *Effets* viennent à s'égarer. Mais comme cela arrive rarement, lorsqu'on prend les précautions convenables, peu de personnes sont dans l'usage aujourd'hui de faire copier ainsi leurs *Effets*, ce qui, dans le fait, occasionnerait un travail considérable, et même impraticable, dans les Maisons faisant de nombreuses affaires.

Pour les Personnes qui jugeront à propos de tenir un Livre de cette espèce, j'indiquerai le procédé suivant : Au moment de sortir, et de copier vos *Effets*, distinguez-les, en marge du Livre, par un numéro que vous inscrivez, en même tems, sur l'*Effet* lui-même, sous le numéro d'entrée dans votre Livre d'*Entrée et Sortie* d'*Effets*, en traçant, entre les deux numéros, une ligne comme ceci :

N°. du Livre d'Entrée.

N°. du Livre de Copie.

D'un autre côté, faisant usage dans votre Livre d'*Entrée et Sortie* d'*Effets*, d'une colonne pour y noter les numéros de votre Livre de *Copie d'Effets*, au moment où vous en disposez, ou lorsque vous les encaissez, quand vous aurez besoin de renseignemens sur les *Effets* sortis, vous les obtiendrez facilement, et promptement, par les numéros de renvoi d'un Livre à l'autre.

12°. Du *Livre de Ports de Lettres.*

On se sert de ce Livre, à la réception des lettres, pour en noter le port à la charge des divers Comptes quelles concernent, et, qu'à cet effet, on distingue chacun sous son titre particulier. Lorsque les réglemens des divers Comptes en question ont lieu ensuite, le montant des ports de lettres se porte en masse au *Débit* du Compte à régler, après en avoir fait l'addition au *Livre de Ports de Lettres* où l'on indique alors, soit par une marque, soit par le *folio* du *Journal*, que c'est un article passé.

On se sert aussi assez généralement du Livre de *Ports de Lettres* pour y noter, à la charge de ses divers Correspondans, les *timbres* et autres *menus frais* payés pour leur Compte.

13°. Du *Livre de Reçus.*

Plusieurs Personnes se servent d'un Livre de cette espèce dans lequel elles font écrire tous les *Reçus* ou *Quittances* qu'on leur donne. C'est une bonne méthode

pour ne pas égarer ces pièces de Comptabilité. Cependant, comme dans plusieurs circonstances on peut être
obligé de détacher quelques-uns de ces *Reçus*, il est à
propos de ne les faire écrire que sur les *rectos* de chaque
feuillet du Livre destiné à cet usage, afin de pouvoir
couper ceux qu'on désire ainsi de détacher.

14°. Du *Livre d'Ordres.*

Ce Livre est très-utile, particulièrement aux personnes
qui reçoivent beaucoup d'ORDRES. Il sert à inscrire lesdits
Ordres, à mesure qu'on les reçoit, et lorsqu'on les a
exécutés, ou que, par quelque cause, on n'a pu les
remplir, l'on efface les notes qu'on en avait prises, avec
les remarques convenables en marge des articles.

15°. Du *Livre de Notes.*

C'est un Livre portatif dont le titre seul indique suffisamment l'objet. Il est inutile d'en donner une description
particulière; car on peut le tenir, n'importe de quelle
manière.

CHAPITRE II.

De la Monnaie de Compte.

J'ai fait voir précédemment que la Tenue des Livres en *Parties doubles* était un systême continu de Comptes se balançant réciproquement, c'est-à-dire, devant toujours présenter une masse de Sommes égales en *Débits* et en *Crédits*.

Ce n'est donc qu'en adoptant une monnaie générale et uniforme pour la Comptabilité, que la Balance en question peut être maintenue.

Cette monnaie doit être celle du pays, ou du lieu où l'on tient le siége de ses Affaires.

Dans certains Comptes, cependant, la monnaie *positive* n'est point celle générale de l'*Inventaire*. Je veux parler ici des Comptes *réglables en monnaies étrangéres*, dont la valeur dépend du cours des Changes.

Pour tenir les Comptes de cette dernière nature, il est donc nécessaire d'avoir, tant au *Journal* qu'au *Grand Livre*, des *Colonnes intérieures*, dans lesquelles on porte les Sommes en monnaies étrangères formant la valeur réelle desdits Comptes, tandis qu'on établit, dans les *Colonnes ordinaires*, le montant de ces mêmes Sommes en monnaie générale de l'*Inventaire*, au cours du Change auquel cette valeur est réglée.

Lorsqu'on solde ces divers Comptes, les *Colonnes intérieures* doivent être balancées en même tems que les *Colonnes extérieures*, et la différence outre le montant des *Débits* et des *Crédits* de ces dernières, constitue le gain ou la perte sur le Change, que l'on passe alors par *Profits et Pertes*, ou, provisoirement, par un Compte ouvert, sous quelque titre particulier. lorsque l'on désire tenir un chapitre distinct des *Bénéfices* ou *Pertes* résultant du *Change*.

Tous les Comptes, même ceux en monnaie de l'*Inventaire*, qui comportent deux valeurs, l'une *nominale*, l'autre *réelle*, comme les Comptes d'*Effets Publics*, par exemple, doivent également être tenus et balancés au moyen de deux Colonnes, et en portant la *valeur nominale* dans les *Colonnes intérieures*.

CHAPITRE III.

Des Titres *des* Comptes, *avec diverses* Remarques *sur la manière de les tenir et de les balancer.*

1°. Du *Titre* des Comptes *Propres*.

Les Comptes *Propres* se distinguent sous les *Titres* suivans :

1°. Le Compte *Principal*.

Le Compte *Principal* représentant la *Personne* pour laquelle les Livres sont tenus, s'établit ordinairement sous le titre de *Compte Capital.*

A la formation de l'*Inventaire*, ce Compte est *Débité* du montant de toutes les *Dettes Passives*, et *Crédité* du montant de toutes les *Dettes Actives* dudit *Inventaire*, de la manière que j'ai précédemment indiquée.

L'*Inventaire* une fois établi, tous accroissemens au *Compte Capital*, qui n'ont pas leur origine dans l'*Inventaire* lui-même, tels que *Héritages, Legs, Présents*, etc. ; ou lorsque, dans l'origine, l'*Inventaire* n'a été que partiel, toutes les additions qu'on y fait, doivent être portées directement au *Crédit* du *Compte Capital* par le *Débit*

des divers Comptes faisant ainsi leur entrée; de même
que toutes les valeurs composant les *Dettes Actives* et
qu'on retire de l'*Inventaire*, après sa formation, doivent
être passées au *Débit* du *Compte Capital*, par le *Crédit* des
Comptes qui en sont ainsi distraits.

Le Compte *Capital*, proprement dit, n'existe pas
toujours dans les Livres en *Parties doubles*. Très-souvent,
au contraire, il est représenté par des Comptes particuliers ouverts à des Associés, pour le montant de
leur mise dans une Société. D'autre fois il est représenté
par un Compte ouvert, sous le titre de *Livre P*, à
un Livre *privé* que les Associés tiennent entr'eux. Enfin,
quand c'est pour une simple Agence seulement, ou
pour une branche d'Affaire particulière, que les Écritures ont lieu, le Compte *Principal* est celui qu'on
tient avec les Personnes, l'Administration ou l'Affaire
même que la Comptabilité concerne (1).

2°. Le Compte de *Profits et Pertes.*

C'est dans ce Compte, qu'après la formation de l'*Inventaire*, sont notés ou viennent se fondre tous les articles
de *Profits et de Pertes* qui affectent l'*Inventaire*, pour
être, en dernier lieu, passés à l'*Actif* ou au *Passif* de ce
même *Inventaire.*

De même que, si on le voulait, on pourrait passer
directement au Compte de l'*Inventaire*, c'est-à-dire, au
Compte Propre Principal, tous les articles en question,
à mesure qu'ils se présentent; de même, plusieurs per-

---

(1) Si l'on commençait les Affaires sans un Fonds quelconque, en
faisant ses premières opérations sur Crédits ou Emprunts, il est clair
qu'il n'existerait pas de Compte *Propre* ou *Capital*, à l'ouverture des
Livres, et que les premières Écritures se feraient, en *Débitant* et
Créditant des Comptes *Relatifs* entr'eux.

sonnes ne font usage, à cet effet, que du seul Compte de *Profits et Pertes*. Mais il vaut beaucoup mieux, pour la clarté des Affaires, ouvrir dans les Livres les subdivisions nécessaires au Compte de *Profits et Pertes* (1). Ces subdivisions sont nécessairement susceptibles de varier, suivant la nature des Affaires; mais en voici deux, au moins, qui doivent être considérées comme indispensables; ce sont :

1°. Le Compte d'*Intérêts et Escomptes*.

2°. Le Compte de *Frais généraux* qui, ainsi que je l'ai déjà observé, doit se subdiviser en *Frais Actifs* et *Frais Passifs*.

Ces deux Comptes, bien tenus, entrent comme élémens essentiels dans toute bonne Comptabilité (2).

Viennent ensuite les Comptes de *Loyers de Maisons et Magasins*; de *Dépenses Personnelles et de Ménage*; d'*Appointemens de Commis*; de *Ports de Lettres*; enfin de beaucoup d'autres *Subdivisions* du Compte de *Profits et Pertes*, telles que le Compte *de Commissions gagnées* (3);

---

(1) Pour abréger le travail, beaucoup de personnes tiennent note de ces subdivisions, tant au *Journal* qu'au *Grand Livre*, dans des Colonnes séparées, en ne faisant usage que du Titre général de *Profits et Pertes* : cette méthode remplit le même but.

(2) Non-seulement il est d'usage de régler avec intérêts, à un taux convenu, tous les Comptes des *Personnes* avec lesquelles on est en relation d'Affaires; mais il est indispensable de régler, de la même manière, tous les Comptes d'*Opérations*, soit *Financières*, soit *Commerciales*, susceptibles d'être résous en *Profit* ou *en Perte*, si l'on veut avoir une vraie connaissance du produit de ces *Opérations*; car, autrement, tel Compte soldant, en bénéfice, sans l'intérêt, ne présenterait souvent qu'une perte réelle, s'il était chargé d'intérêts, comme il devrait l'être.

(3) Les Commissions que l'on paie, et qui ne font pas partie des Factures ou des Comptes spéciaux que l'on reçoit de ses Correspondans, sont ordinairement passés dans le Compte de *Frais généraux*, pour, ensuite, et lors des réglemens, être portées à la charge des divers Comptes qu'elles conservent directement. Il n'y a guères, du reste, que les Commissions de Banque auxquelles cette remarque soit applicable.

le Compte de *Change* indiquant le bénéfice ou la perte résultant de cette branche d'Affaires : tous Comptes que l'on peut tenir séparément, suivant le besoin ou le désir que l'on a d'établir distinctement chacune desdites *Subdivisions*. — J'observerai, toutefois, qu'il convient que cette division ne soit pas poussée trop loin, par fantaisie, et sans but réel; car la concision qui s'allie avec la clarté nécessaire, est aussi une des qualités requises de toute bonne Comptabilité.

Quand l'Inventaire général a lieu, les Comptes de toutes les *subdivisions* en question, doivent d'abord être clos, en portant la Balance des *Débits* ou *Crédits* desdits Comptes, suivant que cette Balance est *Active* ou *Passive*, au *Débit* ou *Crédit* du Compte de *Profits et Pertes*, dont la Balance finale est définitivement passée dans le Compte *Principal* qui, seul, montre alors la *Situation générale* de l'INVENTAIRE.

Lorsque l'on n'a en vue qu'un *Aperçu de Situation*, tous les Transferts, indiqués dans le paragraphe précédent, ne sont pas nécessaires : il suffit, dans ce cas, d'inscrire dans des Colonnes distinctes, et d'additionner ensuite ensemble, le montant de tous les *Débits* et *Crédits* des Comptes *Propres*, c'est-à-dire, du Compte *Principal* et du Compte de *Profits et Pertes*, et de ses *Subdivisions*, pour connaître également la *Situation générale* de l'*Inventaire*.

2°. Des *Titres* des Comptes *Relatifs*, autrement dit, des Comptes *Spéciaux* et *Personnels*.

1°. Des *Titres* des Comptes *Spéciaux*.

Les Comptes *Spéciaux* sont, par leur nature, susceptibles d'être entrés aux Livres, sous une grande variété de *Titres*; en voici quelques exemples principaux :

1°. Les Comptes de TERRES, MAISONS et *autres Pro-priétés foncières*, sont entrés sous des Noms ou Numéros particuliers.

Au *Débit* de ces Comptes, se porte la valeur ou le coût desdites Propriétés, et ensuite le montant des Dépenses qui leur sont relatives, telles que déboursés pour Impositions, augmentations, ou réparaïons.

Au *Crédit* des mêmes Comptes, l'on porte les Loyers ou Revenus provenant desdites Propriétés, ainsi que le montant des sommes pour lesquelles on les vend, lorsqu'on vient à s'en défaire; et, en dernière analyse, l'on passe les résultats desdits Comptes dans celui de *Profits et Pertes*.

Lorsque, sans vendre les Propriétés en question, l'on désire seulement en balancer les Comptes pour l'*Inventaire général*, l'on en porte la valeur à *Compte nouveau*, soit au prix d'achat, soit à un prix d'estimation, et l'on solde la différence entre le *Débit* et *Crédit*, par *Profits et Pertes*.

2°. Le Compte du MOBILIER, s'entre ordinairement aux Livres sous *ce titre même*.

L'on *débite* ce Compte de la Valeur ou du Coût de tous les articles composant le Mobilier : on le *crédite* du montant des ventes faites des mêmes articles, et on le balance également par *Profits* et *Pertes*.

Il est d'usage, dans tous les cas, de régler chaque année la dépérition du Mobilier, en *créditant*, à cet effet, ce Compte, d'une certaine somme, par le *Débit* du Compte de *Profits* et *Pertes*.

3°. Les Comptes des VAISSEAUX se distinguent aux Livres par les Noms propres de chacun d'eux.

L'on *débite* ces Comptes de la valeur desdits *Vaisseaux*, ou des déboursés qu'ils occasionnent pour *Construction*, *Armement*, *Réparation*, *Provisions* de toutes espèces,

Gages de l'Equipage, *Assurances*, etc. ; et on les *crédite* des Sommes que l'on en retire pour *Frets* ou *Argent reçu de Passagers*.

En cas de vente, ou de simple Balance, on solde ces Comptes, comme ceux des *Terres* et *Maisons*.

Quand on fait des expéditions de Marchandises pour son propre Compte, ou en participation avec d'autres personnes, par les *Vaisseaux* en question, on intitule les Comptes de ces Expéditions : *Cargaison par tel Bâtiment;* ou *Voyage à tel endroit, par tel Bâtiment;* ou *Pacotille par tel Bâtiment.*

On *débite* les Comptes de cette dernière nature, des déboursés faits pour l'achat des *Cargaisons* ou *Pacotilles*, avec les Frais qui s'y rattachent ; on les *débite* également pour les *Frets* qu'on paye ou qu'on alloue aux Bâtimens; et finalement, on les balance par *Profits* et *Pertes*.

4°. Les Comptes des Marchandises s'entrent, ou sous le Titre unique de Marchandises générales, pour toutes les espèces de Marchandises que l'on possède, ou qu'on achète ; ou sous le Titre de Marchandises diverses, pour certaines espèces de Marchandises dont on réunit les Comptes; ou enfin sous des *Titres distincts* pour chaque espèce de Marchandise, dont l'on désire tenir un Compte particulier.

L'on *débite* ces Comptes de la Valeur ou du Coût des Marchandises, et successivement de tous les Frais qui les concernent : on les *crédite* du montant des Ventes; et quand tout est vendu, et que les Comptes se règlent, le gain ou la perte se passent par le Compte de *Profits* et *Pertes*.

5°. L'Argent comptant est représenté aux Livres par le Compte de Caisse.

Au *Débit* de ce Compte, on porte le montant de l'*Argent comptant* que l'on se trouve posséder à l'époque de l'ouverture de l'*Inventaire*; et ensuite, successivement, le montant de ses diverses Recettes : le *Crédit* de ce Compte indique, par contre, le montant des Paiemens que l'on fait.

Ce Compte, par sa nature, ne peut jamais être que *Débiteur*, sur les Livres, excepté, cependant, lorsque tout l'Argent en Caisse ayant été déboursé, les *Débits* et *Crédits* du Compte doivent être égaux.

Lorsque le montant de l'Argent en Caisse est plus fort ou moindre que celui indiqué par ce Compte, cela peut provenir : 1°. d'une Recette ou d'un Paiement omis; 2°. d'une erreur commise en payant ou recevant plus ou moins que la Somme portée en Compte.

Dans le premier cas, l'erreur peut se découvrir, en repassant les diverses pièces de Comptabilité et les *Livres Auxiliaires*, ou en pointant les Comptes au *Grand Livre* et au *Journal;* mais dans le second cas, il est très-souvent impossible de découvrir d'où provient l'erreur : alors il n'y a pas d'autre parti à prendre que de passer la différence par le Compte de *Profits et Pertes*.

6°. Les Effets Négociables qui sont de deux natures, *Actifs* ou *Passifs*, s'entrent sous divers *Titres*, suivant la classe à laquelle ils appartiennent.

Ainsi, les Effets Actifs s'entrent sous les *Titres* de :

(1) *Effets à Recevoir.* / Pour tous les Effets en monnaie de
Ou *Effets sur Place.* \ l'*Inventaire* payables dans le lieu du siége des Affaires.

(1) *Effets hors Place.* / Pour tous les Effets en monnaie de
l'*Inventaire*, payables hors du lieu du siége des Affaires.

---

(1) Bien des Personnes n'ont qu'un seul Compte, sous le titre d'*Effets à Recevoir*, dans lequel elles confondent ces deux espèces d'*Effets*; mais quand les mouvemens des uns et des autres sont d'une certaine importance, il vaut mieux en tenir des Comptes distincts,

(1) *Effets sur l'Étranger.* { Pour tous les Effets sur les Pays Etrangers, quand on ne tient indistinctement qu'un seul Compte (2) pour ces sortes d'Effets.

Les Effets en monnaie de l'*Inventaire*, se prenant souvent sous Escompte, et se négociant de même, pour ne pas multiplier le travail en liquidant, à chaque fois, les différences, il est d'usage de tenir le Compte de ces Effets, comme ceux des Effets sur l'Étranger, en deux Colonnes. Dans les *Colonnes intérieures*, au *Débit* et *au Crédit*, on entre, et on sort les Effets pour leur valeur *nominale*. Quand tous les Effets entrés sont sortis, les deux Colonnes *intérieures* doivent se balancer, et la différence entre le montant des deux *Colonnes extérieures* se solde par *Profits* et *Pertes* (3). L'on suit le même procédé, lorsqu'il s'agit de l'*Inventaire* du *Porte-Feuille*, à telle époque que ce soit, en sortant à *Compte nouveau*, tous les Effets existant, et en balançant ensuite, par *Profits* et *Pertes* (3), les *Colonnes extérieures*.

Les **Effets Passifs** qui sont les engagemens qu'on contracte, de payer certaines Sommes, à certaines époques, doivent, suivant la nature de ces engagemens,

---

(1) Quelques personnes entrent leurs *Effets sur l'Etranger* sous le Titre de *Compte de Change*; mais il vaut mieux employer ce dernier Titre comme une des *Subdivisions*, que j'ai déjà indiquées, du Compte de *Profits et Pertes*, pour y noter le gain ou la perte résultant de tous les Comptes en monnaies Etrangères.

(2) Lorsqu'on ne tient qu'un seul Compte pour tous les *Effets sur l'Etranger*, il faut avoir diverses Colonnes *intérieures* au *Grand Livre*, pour y porter séparément, en *Débit* et *Crédit*, chaque Somme en monnaies Etrangères de même espèce, ou comme beaucoup de personnes sont dans l'usage de le faire, pour ne pas trop multiplier les Colonnes, chaque espèce de monnaies Etrangères dont les *parties aliquotes* sont les mêmes.

(3) Ou d'abord, plutôt, par le Compte d'*Intérêts* et *Escomptes*.

s'entrer aux Livres sous des *Titres* divers. Le *Titre* dont on fait l'usage le plus général est celui d'EFFETS A PAYER, qui s'applique ordinairement à tous les engagemens qu'on contracte, payables au lieu du siége de ses Affaires, et qui comprend les *Acceptations*.

Lorsqu'on est dans le cas de contracter des engagemens payables hors de son domicile, soit en monnaie de l'*Inventaire*, soit en monnaies étrangères, il convient de tenir des Comptes sous des *Titres* distincts, de ces sortes d'engagemens.

Les *Effets Passifs* étant susceptibles d'être émis sous escompte, il convient également d'en tenir les Comptes avec deux Colonnes, de la manière déjà indiquée pour les *Effets Actifs*.

Les *Prêts à la Grosse* et les *Risques d'Assurances* sont deux espèces de Contrats qui appartiennent à la cathégorie des *Effets Négociables*, et j'en dirai ici un mot pour terminer cet article.

Lorsqu'on fait quelque *Prêt à la Grosse*, on ouvre un Compte sous ce *Titre*, qu'on *Débite* du montant des Sommes prêtées, et qu'on *Crédite* du montant des Sommes qui rentrent des *Prêts* en question : quand on règle ce Compte, on le balance ensuite par *Profits* et *Pertes*.

Lorsque l'on fait soi-même des *Emprunts à la Grosse*, l'on tient un Compte analogue à celui précédent, avec cette différence que les *Primes et autres frais* y relatifs, se portent au *Débit* du Compte des *Vaisseaux* que ces *Emprunts* concernent.

Le Compte des *Risques d'Assurances* qu'on prend soi-même, se *Crédite* ordinairement, d'abord sous le Titre d'*Assurances*, de toutes les Primes qu'on reçoit. On *Débite* ensuite ce Compte, de toutes les Pertes qu'on est appelé à rembourser; et finalement, on le balance par le *Débit* ou *Crédit* du Compte de *Profits et Pertes.* Au moyen de *Colonnes intérieures* au *Grand Livre*, on doit, pour l'ordre de ce Compte, établir l'Etat des *Risques d'Assurances* éteints, ou subsistant.

Distinctions à observer dans les Titres des Comptes Spéciaux.

Les Titres des Comptes *Spéciaux* doivent être exprimés avec des distinctions particulières, suivant leurs diverses natures que j'ai déjà indiquées, au commencement de cet Ouvrage.

Exemple dans les Comptes *Spéciaux directs* :

Quand vous consignez à un Autre, quelqu'objet vous appartenant personnellement, intitulez votre Compte : *Tel Objet consigné à telle Personne,* ou chez *telle Personne.*

Exemples dans les Comptes *Spéciaux indirects.*

Lorsque les Objets en votre possession appartiennent à un Autre, ou lorsque vous consignez à un Autre quelqu'objet appartenant à un tiers, intitulez vos Comptes ;
Dans le premier cas : *Tel Objet, à Telle Personne.*
Dans le second cas : *Tel Objet, à telle Personne, chez telle Personne.*

Exemples dans les Comptes *Spéciaux mixtes* :

Quand les Objets dans lesquels vous êtes partie intéressée, sont confiés à votre direction ; ou quand les mêmes Objets sont confiés à la direction d'un tiers, intitulez vos Comptes comme suit :
Dans le premier cas : *Tel Objet en participation avec tel....*
Dans le second cas : *Tel Objet en participation avec tel...., chez telle Personne.*

N. B. Quand les Objets embrassés dans les trois espèces d'Exemples qui précèdent, donnent lieu à une Comptabilité en monnaies étrangères, cette seconde distinction peut être ajoutée aux premières dans tous les Comptes de cette dernière nature (1).

2°. Des *Titres* des Comptes *Personnels.*

Les Comptes *Personnels* s'inscrivent aux Livres sous les noms des diverses *Personnes, Compagnies* ou *Administrations*, avec lesquelles on est en rapport d'Affaires. Ce point n'exige pas d'autres explications.

Distinctions à observer dans les Titres des Comptes Personnels.

Mais les *Titres* des Comptes *Personnels* doivent être exprimés avec diverses distinctions, suivant leur nature, comme suit :

Exemples dans les Comptes *Personnels directs.*

Quand le Compte ouvert est tenu pour vos *propres* Affaires, intitulez ce Compte : *Telle Personne,* Mon *Compte ;*

Quand le Compte ouvert est aussi tenu pour vos *propres* Affaires, mais pour un objet particulier, intitulez-le : *Telle Personne,* Mon *Compte pour tel Objet.*

----

(1) L'usage de distinguer les divers Comptes susceptibles de longs *Titres* par des Lettres ou Numéros, est une bonne méthode pour se dispenser d'inscrire aux Livres ces longs *Titres.* En suivant cette méthode, on se contente d'expliquer, une seule fois, au *Journal,* lors de la première entrée, la nature des Comptes ainsi distingués, ce qui abrège le travail dans les entrées subséquentes.

N. B. Cette même observation doit s'appliquer aux *Titres* des Comptes *Personnels* dont je vais parler.

Exemples dans les Comptes *Personnels indirects.*

Quand le Compte tenu est pour les Affaires d'un Autre, intitulez ce Compte : *Telle Personne*, Son *Compte.*

Quand le Compte tenu est également pour les Affaires d'un Autre, mais pour quelqu'Objet particulier, intitulez-le : *Telle Personne*, Son *Compte pour tel Objet.*

Quand le Compte tenu avec une Personne est pour les Affaires d'un *Tiers*, intitulez ce Compte : *Telle Personne, Compte de telle Personne.*

Quand le Compte tenu avec une Personne est également pour les Affaires d'un *Tiers*, mais pour quelqu'Objet particulier, intitulez-le : *Telle Personne, Compte de tel, pour tel Objet.*

Exemples dans les Comptes *Personnels mixtes.*

Quand le Compte que vous tenez a lieu pour des Affaires réciproques entre vous et une autre Personne (si ce Compte ne s'applique qu'à des transactions de même nature, et en même monnaie), on peut intituler ce Compte du nom de la Personne avec laquelle on le tient, *sans distinction.*

Quand c'est un Compte réciproque pour des Opérations de *Change*, intitulez ce Compte : *Telle Personne, Compte de Change en participation;* ou *Telle Personne, Compte à* 1/2, *à* 1/3, etc., etc. ; suivant la division des Intérêts.

Quand c'est un Compte avec un Intéressé pour *sa* portion, dans quelqu'Opération sous *votre* direction, intitulez ce Compte : *Telle Personne*, Son *Compte de tel Objet.*

Quand c'est un Compte avec un Intéressé pour *votre* part, dans quelqu'Opération sous *sa* direction, intitulez ce Compte : *Telle Personne*, Mon *Compte pour tel Objet.*

Quand c'est un Compte avec un *Tiers*, pour quelqu'Opération dans laquelle vous avez des Intéressés, intitulez ce Compte : *Telle Personne, Compte pour tel Objet.*

Quand c'est un Compte avec un *Tiers*, pour les Affaires d'une autre Personne, intitulez ce Compte : *Telle Personne, Compte de telle Personne.*

N. B. Quand il y a Comptabilité en monnaies étrangères, les *Titres des Comptes Personnels* doivent, de plus, contenir cette distinction, ainsi que je l'ai déjà remarqué à l'article des Comptes *Spéciaux.*

Du Compte intitulé : *Débiteurs et Créanciers divers.*

Le but de ce Compte est de se dispenser d'ouvrir spécialement dans les Livres, une quantité de Comptes peu importans. Sans proscrire entièrement cette méthode, je recommanderai cependant de n'en faire usage qu'avec beaucoup de réserve ; car le mélange de Comptes auquel elle donne lieu, occasionne souvent des omissions et des erreurs, lors des réglemens.

Du Compte de *Suspens.*

Quelquefois il arrive que des articles de Comptabilité ne peuvent être appliqués, à l'instant même, à l'un des Comptes qu'ils concernent. Or, comme dans le système de la Tenue des Livres en *Parties doubles,* l'on ne peut *Débiter* un Compte sans en *Créditer,* en même tems, un autre, et *vice versâ,* il s'ensuivrait que, dans toutes les circonstances, où, soit le *Débit,* soit le *Crédit* d'un Compte, ne pourrait être rempli, les Écritures devraient rester entièrement en suspens.

Sans parler de l'inconvénient de laisser ainsi en arrière des articles de Comptabilité, il arrive fréquemment qu'avant d'en pouvoir faire l'application convenable, il devient nécessaire de régler celui des deux Comptes qui ne donne lieu à aucune incertitude. Dans ce dernier cas, le meilleur moyen pour sortir de difficulté, est celui de faire usage du *Compte de Suspens.*

Les *Débits* et *Crédits* de ce Compte indiquent respectivement des articles à porter au *Crédit* ou *Débit* de quelqu'autre Compte, aussitôt que cela est praticable; et quand tous les transferts ont eu lieu, le Compte de *Suspens* doit naturellement se balancer de lui-même.

Du Compte intitulé : *Créances, ou Valeurs douteuses.*

A la fin de l'année, ou à chaque époque que l'on choisit, pour arrêter la situation de son *Inventaire*, il est d'usage de dresser une liste de toutes les *Créances ou Valeurs douteuses* qui font partie dudit *Inventaire;* et d'en faire Etat dans ses Livres, en y ouvrant un Compte, sous ce Titre, que l'on *débite* par le *Crédit* des divers Comptes qui composent les *Créances ou Valeurs douteuses* en question; ce qui clôt particulièrement chacun de ces Comptes au *Grand Livre.*

Si on désire ensuite faire sortir tous ces Comptes de l'*Actif* de l'*Inventaire*, pour ne laisser subsister dans ce dernier, que des Valeurs *claires et nettes,* rien n'est plus facile. L'on ouvre, à cet effet, un Compte, sous le Titre de *Rentrées éventuelles,* ou d'*Actif douteux;* que l'on *crédite* du montant desdits Comptes, par le *Débit* du Compte *Capital* ou *Principal;* et à mesure que les rentrées s'opèrent, il est très-facile également de passer les Ecritures convenables pour rétablir au *Crédit* de l'*Inventaire,* l'importance de ces rentrées.

Index, au *Grand Livre,* de *Memoranda* au *Journal.*

J'ai reconnu, par expérience, la grande utilité d'un

Index de cette espèce, qui sert à rappeler les Objets qui doivent être mis en règle, et à prévenir ainsi les négligences et les omissions dans les Affaires.

Cet *Index* se tient sur une page du *Grand Livre*, au moyen de deux Colonnes. Dans l'une on indique les *Folios* des articles du *Journal*, où les *Memoranda* ont lieu, avec une courte explication du sujet; et dans la Colonne à côté, et vis-à-vis du sujet, l'on note les *Folios* du *Journal*, où l'article est définitivement réglé; ou bien l'on fait telles observations que les cas peuvent requérir (1).

CHAPITRE IV.

Du *Pointage* des Livres de Comptes.

On appelle *pointer* les Livres, comparer d'abord le *Brouillard* avec le *Journal*, puis le *Journal* avec le *Grand Livre*, pour s'assurer qu'il n'existe pas d'omissions ou d'erreurs dans les Comptes.

Cette vérification doit avoir lieu le plus fréquemment possible, sur-tout dans les Maisons faisant beaucoup d'Affaires.

Les omissions ou les erreurs peuvent avoir lieu, dans les cas suivans, sur lesquels l'attention doit se porter en pointant les Livres :

1°. *Lorsqu'un article a été entièrement omis.*

2°. *Lorsqu'un article a été passé deux fois.*

3°. *Lorsqu'un Compte a été* Débité, *ou* Crédité, *pour un autre Compte.*

---

(1) La plupart des personnes tiennent un cahier *Spécial* de Notes pour ces objets; mais je préfère l'usage de l'*Index* dont il est ici question, en ce que, par son moyen, toutes les circonstances relatives aux Affaires sont notées au moment même de l'entrée des Articles au *Journal*, et que l'on est moins exposé, ainsi, à faire des omissions dans les Ecritures.

4°. *Lorsqu'un article de* Débit *ou de* Crédit *a été omis.*

5°. *Lorsqu'un article de* Débit *a été porté par erreur au* Crédit *d'un Compte, et* vice versâ.

6°. *Lorsqu'un article a été passé en double, c'est-à-dire à deux* Débits *et à deux* Crédits.

7°. *Lorsqu'il y a erreur dans les Sommes rapportées du Journal au Grand Livre.*

8°. *Lorsqu'il y a erreur dans l'addition des Sommes au Journal* (1).

La meilleure manière de *Pointer*, est celle qui se pratique par deux personnes, dont l'une appelle et marque les articles au *Journal*, et l'autre les vérifie et les marque au *Grand Livre*.

Lorsqu'une erreur vient à se découvrir, la correction doit avoir lieu sur le champ, avant de passer à un autre article.

Des erreurs existantes au Journal seulement.

J'ai déjà indiqué (*folio* 18) la manière dont les erreurs au *Journal* doivent être corrigées, quand le rapport des articles au *Grand Livre* n'a pas encore eu lieu ; conséquemment il ne me reste à parler ici que :

Des erreurs existantes, en même tems, au Journal *et au* Grand Livre.

Lorsque les erreurs au *Grand Livre* proviennent d'erreurs au *Journal*, pour corriger ces erreurs, il n'existe d'autre moyen que celui d'annuller les articles ; ce qui, dans le langage des Teneurs de Livres, s'appelle :

---

(1) Dans plusieurs de ces cas, les Écritures ne balanceraient pas au *Grand Livre* ; mais elles y balanceraient dans quelques-uns desdits cas ; ce qui prouve l'indispensable nécessité de pointer ses Livres.

Contrepasser les Articles.

Une entrée erronée au *Journal*, crée, nécessairement, toujours deux erreurs au *Grand Livre*, l'une au *Débit*, et l'autre au *Crédit* de quelque Compte.

J'ai déjà dit qu'on ne devait rayer ni effacer aucun article dans les Livres ; mais que, quand par erreur, un Compte était *Débité*, et un autre Compte *Crédité* d'une Somme fausse, pour corriger cette erreur, il fallait *contrepasser* l'article ; ce qui a lieu en *Débitant* et *Créditant* ces Comptes l'un par l'autre.

Ainsi, supposant que A., soit *Débité* au *Journal* par le *Crédit* de B de 100, au lieu de 200 francs ; l'article étant rapporté du *Journal* au *Grand Livre*, la position des Comptes, dans ce dernier, sera comme suit :

Doit A. Avoir.	Doit B. Avoir.
100	0	0	100

Et en *contrepassant* l'article comme je viens de le dire, la nouvelle position des Comptes sera celle-ci :

	Doit A. Avoir.		Doit B. Avoir.
1re. Position.	100	0	1re. Position.	0	100
2e. Position.	0	100	2e. Position.	100	0

Ou les *Débits* et *Crédits* seront égaux dans les deux Comptes ; ce qui équivaut à supprimer les articles.

L'erreur étant ainsi corrigée, l'article doit se passer de nouveau au *Journal*, de la manière convenable ; et le rapport au *Grand Livre*, ayant lieu d'après cette nouvelle entrée, les Comptes se trouvent finalement, dans la position où ils auraient dû être dès l'origine.

Si l'erreur n'existait pas dans la Somme, mais dans la fausse application de la Somme à quelque Compte étranger, la correction devrait avoir lieu par le même procédé que dans l'exemple qui précède.

Des erreurs existantes au Grand Livre seulement.

Lorsque les erreurs n'existent qu'au *Grand Livre*, elles doivent être corrigées, suivant les cas, comme suit :

1°. Si ce n'est qu'une omission de rapport d'un article du *Journal* au *Grand Livre*, cette omission peut être facilement réparée par le rapport convenable.

2°. Si l'erreur est occasionnée par le rapport d'un article à un Compte étranger, corrigez ce dernier en portant la Somme au côté opposé du Compte, et en disant : *à, ou par erreur dans l'article* (de *Débit* ou de *Crédit*, suivant le cas), *de telle date ci-contre;* après quoi, portez la Somme au vrai Compte qu'elle concerne.

3°. S'il y a erreur, soit en plus, soit en moins, dans le montant de la Somme rapportée, *contrepassez* la Somme entièrement du côté opposé du Compte; après quoi rétablissez-la de nouveau pour son exact montant; ou bien portez la différence au côté du Compte où elle existe, en disant : *à, ou par différence sur tel article.*

Quelques personnes, en rapportant les articles du *Journal* au *Grand Livre*, sont dans l'habitude d'additionner ensemble toutes les Sommes, soit de *Débit*, soit de *Crédit*, concernant le même Compte, qui se présentent sur la Page, ou même sur les deux Pages du *Journal* alors sous leurs yeux, et de porter ces Sommes en *masse* au *Grand Livre*. Je conseille très-fort de ne pas employer cette méthode, en raison des inconvénients auxquels elle est sujette. 1°. L'on commet, d'abord, souvent des erreurs dans l'addition des Sommes dont on forme ainsi des masses à porter au *Grand Livre*; 2°. en *pointant* les Livres on est arrêté, à chaque pas, par la nécessité de vérifier ces additions; 3°. on s'expose, par cette méthode, à marquer, quelquefois, dans le *Journal*, des articles comme rapportés au *Grand Livre*, et qui ne le sont pas. Au lieu que, quand les Sommes au *Grand Livre* sont rapportées telles qu'elles existent dans chaque entrée séparée du *Journal*, le *Pointage*, qui consiste toujours à reconnaître des Sommes semblables dans les deux Livres, se fait avec plus de célérité et de certitude.

Procédé pour Pointer le Journal *et le* Grand Livre.

Supposez que *A* soit la Personne qui appelle les articles au *Journal*, et *B* la seconde Personne qui reconnaisse les mêmes articles au *Grand Livre* :

A appellera d'abord le Compte *Débiteur*, en disant : *Tel Compte, telle Page du Grand Livre, Débiteur de telle Somme;* et *B* ayant trouvé, au *Grand Livre*, la Page, le Compte et la Somme répondra : *Tel Compte, Débiteur de telle Somme.* Alors, si l'article est exact, *A* et *B*, chacun de leur côté, poseront un gros point au crayon, savoir : *A*, au *Journal*, devant le chiffre de renvoi du Compte *Débiteur*, et *B*, au *Grand Livre*, devant la Somme par lui reconnue.

A appellera ensuite le Compte *Créditeur*, en disant : *Tel Compte, telle Page du Grand Livre, Créditeur de telle Somme ; B* répondra : *Tel Compte, Créditeur de telle Somme*, et chacun posera des points devant les articles, de la manière indiquée dans le paragraphe précédent (1).

Ayant parcouru ainsi, successivement, le *Journal* et le *Grand Livre*, il conviendra de repasser l'un et l'autre Livre, pour examiner si tous les articles y ont la marque

---

(1) Cette méthode est également la meilleure à suivre, lorsqu'on est seul pour *Pointer* les Livres.

indiquant le *Pointage*; et si l'on en trouve quelques-uns qui n'aient pas cette marque, vérification doit être faite si l'omission provient de ce que quelqu'article a été sauté au *Pointage*, ou de ce qu'il a été passé deux fois. Dans ce dernier cas, l'erreur doit être corrigée d'une des manières précédemment indiquées.

CHAPITRE V.

Des différents *Modes* de *Balancer* ou *Solder* séparément les Comptes.

Les différents *Modes* de *Balancer* séparément les Comptes formant la *Balance générale*, sont au nombre de cinq; savoir :

1°. *La Balance simple sans reste* : c'est celle des Comptes qui se soldent naturellement, lorsque les *Débits* sont égaux aux *Crédits*.

2°. *La Balance simple avec reste porté à Compte nouveau* : c'est celle dont on fait usage dans les réglemens particuliers des Comptes. Pour *Balancer* ainsi chaque Compte particulier, lorsque le *Crédit* dudit Compte l'emporte sur son *Débit*, Débitez : *Tel Compte, Compte vieux, à tel Compte, Compte nouveau*; lorsque le *Débit*, au contraire, l'emporte sur le *Crédit*, Débitez : *Tel Compte, Compte nouveau, à tel Compte, Compte vieux.*

3°. *La Balance par Profits et Pertes* : c'est celle dont on doit se servir pour solder tous les Comptes terminés, dans lesquels les *Débits* et *Crédits* ne sont point égaux; ce qui dénote gain ou perte sur ces Comptes. Lorsque, dans les Comptes en question, le *Crédit* est plus fort que le *Débit*, ce qui dénote gain, *Débitez* le Compte que

vous désirez clore, par le *Crédit* de *Profits et Pertes* (1) ;
mais lorsque le *Débit* l'emporte sur le *Crédit*, ce qui
dénote Perte, *Débitez*, au contraire, *Profits et Pertes* (1),
par le *Crédit* du Compte que vous soldez.

4°. *La Balance, partie avec reste porté à Compte nouveau,
et partie par Profits et Pertes :* c'est celle dont on fait usage
pour les Comptes qu'on ne règle que partiellement. Pour
cette Balance, *Débitez*, d'abord, *Compte nouveau à Compte
vieux* pour les objets restant, au prix coûtant, ou d'après
évaluation que vous en faites ; et balancez la différence,
su vant qu'elle est en Gain ou en Perte, par le *Crédit* ou
le *Débit* du Compte de *Profits et Pertes.*

5°. *La double Balance.* Lors de la *Balance générale*, on
se sert de la *double Balance* pour porter, séparément,
de chaque côté, le *Débit* et le *Crédit* d'un Compte ancien,
au *Débit* et *Crédit* d'un Compte nouveau, ce qui met
ce Compte nouveau exactement dans la même position
qu'avant sa *Balance.* La *double Balance* peut être employée
pour tous les Comptes qui ne sont pas entièrement
terminés ; mais elle est particulièrement utile dans les
Comptes qui ne peuvent être balancés que partiellement,
faute de documens propres.

CHAPITRE VI.

De la *Balance générale* du Grand Livre.

L'un des buts de cette *Balance générale*, ainsi que je
l'ai déjà expliqué, est de vérifier l'exactitude de chaque
Compte en particulier ; le second but est d'établir la
situation générale de l'*Inventaire.*

---

(1) Ou d'abord par telle subdivision de *Profits et Pertes*, à laquelle
vous avez ouvert un Compte particulier.

Il y a trois espèces de *Balances générales*, savoir : la *Balance Réelle*, la *Balance Volante*, et la *Balance d'Epreuve*.

De la *Balance Réelle*.

La *Balance Réelle* est celle qui se passe régulièrement au *Journal* et au *Grand Livre*. On l'appelle également *Balance d'Entrée et de Sortie*.

L'ordre à suivre quand on se dispose à faire une *Balance Réelle*, est de réserver pour être soldés les derniers, tous les Comptes *Propres*, c'est-à-dire les subdivisions du Compte de *Profits et Pertes*, ensuite le Compte de *Profits et Pertes* lui-même, et enfin le Compte *Capital* ou *ceux qui le représentent*. — Il convient de réserver de même tous les autres Comptes susceptibles de recevoir quelque altération dans le cours de la *Balance* : quant au reste des Comptes, soldez-les dans l'ordre où ils se présentent au *Grand Livre*.

De la *Balance Volante*.

La *Balance Volante*, qui a tous les avantages de la *Balance Réelle*, sans occasionner autant de travail, est, par cette raison (comme aussi parce qu'on peut la tenir plus secrette), celle dont on fait l'usage le plus fréquent. La *Balance Volante* est ainsi nommée, parce qu'elle s'établit sur des feuilles détachées, et ne s'inscrit pas au *Journal*.

Soit qu'on désire faire une *Balance Réelle* ou *Volante*, comme en dépit de l'attention qu'on a pu avoir dans ses Ecritures, et du *Pointage*, des erreurs peuvent quelquefois s'être glissées dans les Comptes, il est à propos de commencer, d'abord, par une *Balance d'Epreuves*.

De la *Balance d'Epreuves*.

Cette *Balance* a lieu de la manière suivante : sur une

feuille de papier disposée à cet effet, inscrivez le montant des *Débits* et *Crédits* de vos divers Comptes au *Grand Livre*, savoir : tous les *Débits* dans une Colonne de gauche, et tous les *Crédits* dans une Colonne de droite ; et quand tous les *Débits et Crédits* des Comptes existans ont ainsi été relevés, si l'addition de chaque Colonne donne un montant égal (tous les Comptes ayant d'abord été dûment *Pointés*), c'est une preuve de l'exactitude de votre *Balance générale*, à laquelle vous pouvez alors donner sa forme dernière, en *Balançant* individuellement tous les Comptes de votre *Grand Livre*.

Lorsque vos deux Colonnes ne présentent pas, de chaque côté, une masse de *Débits* et de *Crédits* égaux, cela indique que quelqu'erreur existe dans les Comptes, et il faut, dans ce cas, recommencer à *Pointer* vos Livres jusqu'à ce que l'erreur se découvre.

CONCLUSION.

QUOIQUE la *Tenue des Livres en Parties doubles* n'ait été
mise en pratique, dans l'origine, et ne soit encore
employée aujourd'hui principalement, que par les Banquiers et les Négocians; il est certain, d'abord, que l'on
ne saurait imaginer *aucune espèce de Comptabilité* à laquelle
ce système ne soit applicable; et en second lieu, qu'il est
le *seul* sur la *perfection* et *l'exactitude* duquel l'on puisse
se reposer.

S'il est vrai que la première de ces qualités dépende,
en grande partie, de la capacité, ainsi que des connais-
sances en matières de Finances et de Commerce, des
Personnes qui font usage de la *Tenue des Livres en Parties
doubles*, ce système, en cela, n'a rien que de commun
avec les autres méthodes; mais, sous le rapport de *l'exactitude*, la preuve *mathémathique* qu'il porte, en lui-même,
de cette seconde qualité, le place, si je puis m'exprimer
ainsi, dans une sphère d'où il domine tous les autres
modes de Comptabilité, et n'admet aucune comparaison
avec eux.

Aussi, quoique, depuis l'invention de la *Tenue des
Livres en Parties doubles*, ce système ait, sans contredit,
reçu de nombreux perfectionnemens dans son application, son principe est demeuré *immuable;* et tous les
autres systèmes qu'on a essayé de lui substituer, sur des
principes différens, non-seulement n'ont pu prévaloir,
mais ont été abandonnés. Il en sera de même de tous les
nouveaux systèmes par lesquels l'on tenterait encore de
le remplacer; parce que, encore un coup, dès qu'une
fois la vraie route est trouvée, l'on ne peut que se four-
voyer, en s'en écartant.

Par ces diverses raisons (à l'appui desquelles je ne

8

crains pas d'invoquer le témoignage de toutes les Personnes expérimentées), la bonté et la supériorité de la *Tenue des Livres en Parties doubles*, et la préférence qu'on doit lui donner sur tous les autres modes de Comptabilité, étant suffisamment démontrées, il ne me reste qu'à désirer que cet Ouvrage contribue à propager et à perfectionner l'étude et la connaissance d'une Science d'une utilité si généralement reconnue; et, si tel est son effet, le but que je me suis proposé, en le publiant, sera rempli.

TABLE DES MATIÈRES.

FIN DE LA TABLE DES MATIÈRES.

9 782329 683300